Bibliographic information published by the German National Library:

The German National Library lists this publication in the National Bibliography; detailed bibliographic data are available on the Internet at http://dnb.dnb.de .

Imprint:

Copyright © 2011 GRIN Verlag, Open Publishing GmbH
Print and binding: Books on Demand GmbH, Norderstedt Germany
ISBN: 9783668292536

This book at GRIN:

http://www.grin.com/es/e-book/339222/fusion-conceptual-en-tira-comica-de-gaturro

Carlos Sabena

Fusión conceptual en tira cómica de "Gaturro"

GRIN Publishing

GRIN - Your knowledge has value

Since its foundation in 1998, GRIN has specialized in publishing academic texts by students, college teachers and other academics as e-book and printed book. The website www.grin.com is an ideal platform for presenting term papers, final papers, scientific essays, dissertations and specialist books.

Visit us on the internet:

http://www.grin.com/

http://www.facebook.com/grincom

http://www.twitter.com/grin_com

Traducción y Cognición

Trabajo monográfico:

"Fusión conceptual en tira cómica de *Gaturro*"

Carlos Sabena

2011

Ìndice

Introducción

¿Qué es lo que hace que nos riamos, o sonriamos, ante la lectura de una historieta? ¿Cómo se produce esa chispa mental que termina en una carcajada (dependiendo, claro está, de cuán predispuestos estemos en ese momento) cuando estamos leyendo una historieta?

Pueden encontrarse explicaciones psicológicas, fisiológicas, neuropsicológicas y otras más que desconozco y que no me propongo detallar aquí. Sí me interesa analizar cómo es que entendemos una tira de historieta cuando la leemos. Un marco teórico de referencia para ayudarme a este análisis me lo proporciona la teoría cognitiva.

Este campo teórico es sumamente vasto y está en constante expansión. De los varios autores que aportan a este, rescato algunos que me permiten entender este proceso comunicativo que se genera en las tiras de historieta. Y del universo de historietas, elegí la tira *Gaturro*, cuyo creador es el humorista gráfico argentino Cristian Dzvonik –su seudónimo es Nik– ya que siempre me atrajeron sus creaciones y además he podido encontrar ejemplos de sus historietas traducidos al idioma inglés.

Marco teórico

Al analizar la creatividad en lo humorístico, Koestler, en su libro *The Act of Creation*, citado por Coulson (2005), menciona:

"La biasociación repentina de una idea o evento con dos matrices que habitualmente son incompatibles producirá un efecto de comicidad, siempre que la narración, el conducto semántico, proporcione la clase de tensión emocional adecuada. Cuando el conducto se rompe, y nuestras expectativas resultan engañadas, la tensión redundante ahora encontrará su descarga en la risa, o en una forma de sonrisa más sutil."

La existencia necesaria de dos matrices para lograr este efecto de comicidad me lleva a pensar en la idea de una necesaria combinación entre estructuras mentales que se encuentran relacionadas. Si esta combinación es inesperada, entonces es probable que surja en efecto humorístico, tal como lo sugieren Hofstadter y Gabora (1989), en Coulson (op. cit.).

Cómo se lleva a cabo la relación entre estas estructuras puede ser entendido siguiendo el concepto de fusión conceptual (*blending*) propuesto por Fauconnier y Turner (2002). Para estos autores, la fusión conceptual se produce cuando una estructura parcial de dos o más espacios de entrada se combina dinámicamente en un espacio fusionado. Los procesos de fusión de despliegen en una matriz de espacios mentales denominada red de integración conceptual. La forma canónica de la red consiste en dos espacios de entrada (*input spaces*), cada uno representando un modelo cognitivo que contribuye a la fusión, un espacio genérico (*generic space*) opcional que representa los aspectos en común abstractos en las entradas, y el espacio de fusión (*blended space*) que tiene parte de la estructura de cada entrada así como una **estructura distinta emergente**. Para que la fusión conceptual se lleve a cabo deben existir procesos de mapeo (*mapping*), la activación del conocimiento previo, el uso de imágenes mentales y la capacidad mental de simulación.

Para Fauconnier (1994), los espacios mentales (*mental spaces*) pueden pensarse como contenedores o recipientes temporales que almacenan información relevante para un dominio en particular. En el espacio mental se encuentra una representación parcial de las entidades y relaciones de un escenario en particular, tal como lo construye cada individuo.

Análisis

Las tiras cómicas de *Gaturro* comenzaron a publicarse en el diario argentino *La Nación* en 1996. Estas giran en torno a un gato doméstico (Gaturro) que vive en Buenos Aires, en una familia argentina de clase media. Él está perdidamente enamorado de la gata Ágatha e intenta conquistarla sin éxito al mismo tiempo que siempre hace observaciones agudas sobre aspectos de la vida cotidiana que lo involucran (GATURRO, 2011).

He elegido esta tira cómica para este trabajo porque me atrapa la agudeza de su creador y también porque he podido encontrar ejemplos de sus tiras traducidas al inglés. Mi propósito es poder describir cómo el concepto de fusión conceptual antes mencionado se encuentra en esta tira, en las dos versiones (en castellano y en inglés), cuando esto sea posible. Los ejemplos en inglés son de la tira *Gaturro 1: the number one*, traducción de Andrew Graham-Yooll.

En la primera historieta Gaturro aparece dibujado en cuadros, a diferencia del tradicional estilo de viñetas, en el que cada cuadro representa un estilo de pintura que corresponde a un importante pintor de la historia del arte.

Historieta 1, (GATURRO, 2005).

(Versión en inglés).

5

Si bien para poder comprender la tira es necesario poseer un conocimiento previo sobre los estilos de los pintores Da Vinci, Van Gogh, Picasso, Miguel Ángel y Miró, así como sus obras prototípicas o más reconocidas, es interesante observar que la comicidad sólo puede lograrse si podemos hacer la reconstrucción mental de combinación entre lo que sería el cuadro original y cómo este se ve con la superposición de la figura de Gaturro. El uso de negrita en la palabra "conquistarte" contribuye para la comprensión de la historieta, ya que hay un juego léxico entre las palabras "conquistarte" y "arte". Al final, Ágatha no corresponde a las expectativas del gato y le tira tinta, haciendo que Gaturro forme parte de un "cuadro patético". El juego de palabras se pierde en la versión en inglés. Pero el efecto humorístico no, ya que lo más importante para lograr esto es la posibilidad de que el lector recurra a sus mecanismos cognitivos de fusión conceptual para poder captar lo humorístico de esta escena, tal como aparece resumido en la Tabla 1.

Espacio mental del arte	Fusión conceptual	Espacio mental de la figura de Gaturro
Da Vinci	Gaturro Da Vinci	Gaturro
Miguel Ángel	Gaturro Miguel Ángel	Gaturro
Miró	Gaturro Miró	Gaturro
Van Gogh	Gaturro Van Gogh	Gaturro
Picasso	Gaturro Picasso	Gaturro
Cuadros reconocidos por expertos como obras de arte.	*"Cuadro patético"*	*Fracasado tratando de conquistar un amor.*

Tabla 1

En el ejemplo a continuación también se puede apreciar el recurso de la fusión conceptual.

Historieta 2 (Extraída de "Trucasos de mundo gaturro").

(Versión en inglés).

Aquí se observa a un perrito muy demandante de afecto. En la versión en español se recurre al léxico del mundo de la mercadotecnia ("Qué compradores"). Es decir, que saben "ganarse" el afecto de los demás. En la versión en inglés se usa la expresión "win over" que también hace alusión a la ganancia en oposición a la pérdida de objetos o de valores. La resolución del chiste está en el uso del celoso gato que hace de un término del campo de las finanzas "marketing" (mercadotecnia) (Ver Tabla 2). También hay que tener en cuenta que el aspecto "marketinero" se encuentra devaluado en nuestra sociedad, con lo que el gato busca devaluar al perro que se presenta como una competencia para el amor de su dueña.

Espacio mental de mascotas caninas	Fusión conceptual	Espacio mental del campo de las finanzas
cariñosos, tiernos, juguetones	perrito "comprador" (the dog wins over someone)	compra – venta de bienes (tangibles e intangibles)
perros son dependientes	perrito marketinero (atributo no deseable)	marketing
gatos son independientes	gato no marketinero (atributo deseable)	marketing

Tabla 2

En este otro ejemplo no encontré la versión en español correspondiente.

Aquí se ve a Gaturro que oye una discusión que tienen una pareja de ratones que vive en la casa. El papá ratón queda representado prototípicamente por una figura con bigotes y con un periódico en la mano y la mujer realizando la actividad de tejido. La traducción del texto del ratón podría ser la siguiente: "¡Mirame cuando te hablo! ¡Me engañaste con el ratón de la computadora! ¡Este no es mi hijo! ¡Tiene una bola en su panza!".

Lo interesante de esta historieta es la posibilidad de fusionar aspectos del ratón animal con el del ratón de la computadora. Además del uso metafórico que culturalmente se hace del ratón de la computadora, quizás aludiendo a su pequeño tamaño, es interesante ver la fusión gráfica que aparece en el ratón. Se apela además a conocimientos previos de genética, ya que se espera que un hijo tenga rasgos físicos tanto de la madre como del padre. En este caso al tener una bola en su panza, se descarta que sea hijo suyo. (Ver Tabla 3).

Espacio mental del ratón de computadora	Fusión conceptual	Espacio mental del animal ratón
Elemento con una bola para el movimiento del cursor.	Hijo con bola (resultado de la unión de la madre con el ratón de la computadora)	La apariencia de un ratón.

Tabla 3

A continuación aparece otro ejemplo con Gaturro imaginándose ser King Kong. Está trepado al Empire State Building y sostiene con su mano izquierda a Ágatha. Luego la voz de Ágatha lo hace volver a la realidad ("¿Qué estás haciendo, Gaturro?"). Él le responde: "Eh... nada, solo reparando esta antena...". En el dibujo se ve a King Kong pero con la cara de Gaturro y en lugar de la actriz de la película aparece Ágatha. Cuando Ágatha lo trae a la realidad, se ve al gato agarrado de una antena y sosteniendo un cepillo rosado con su mano izquierda.

Espacio mental de la película King Kong	Fusión conceptual	Espacio mental de la realidad de Gaturro
King Kong	King Kong con la cara de Gaturro	Gaturro
Heroína	La heroína es Ágatha (quien en la película siente ternura hacia King Kong)	cepillo

Tabla 4

A modo de conclusión

Probablemente no sea un hecho fortuito que la fusión conceptual se encuentre en estos ejemplos humorísticos. Es evidente que la posibilidad de crear conceptos nuevos a partir de otros conceptos que ya nos son familiares lleve muchas veces al lector de historietas a interpretar un hecho de modo humorístico. Koestler (op. cit.) ya comenta que para crear sorpresa el humorista debe contar con cierta cuota de originalidad. Debe poder escapar a las rutinas de pensamiento estereotipadas.

Creo que para poder lograr esto, el caricaturista (y también su lector) debe poder hacer uso de procesos cognitivos que operen en más de un plano. Debe podes provocar un choque (a modo de chispazo emergente) que permita el encuentro de matrices que a priori parecerían incompatibles.

Al hacer este trabajo no pude evitar recordar algunas ideas que escuché formular a mis maestros sobre Freud. Él, en trabajos como Psicopatología de la vida cotidiana y El chiste y su relación con el inconsciente, mencione que lo humorístico proporciona un campo de batalla relativamente seguro para que en él podamos expresar la agresión y otros enunciados que son culturalmente inaceptables. Parecería que la fusión conceptual (noción de un campo "aparentemente" tan alejado del psicoanálisis) nos permite el marco teórico para expresar temas que nos provocan cierta incomodidad de un modo menos agresivo o chocante.

Este propósito debe mantenerse también al momento de traducir un texto. El trabajo del traductor radicará no solo en el aspecto formal de las palabras sino y sobretodo en poder pensar en función de la otra cultura a la que el texto se traducirá. Soy partidario de que el traductor, más allá de traducir palabras, debe traducir dominios de experiencias para que esas palabras tengan efecto en el lector de esa otra lengua.

Bibliografía

Coulson, S. 2005. Extemporaneous Blending: Conceptual Integration in Humorous Discourse from Talk Radio. *Style*; Summer 2005; 39, 2; ProQuest Direct Complete.

Fauconnier, G. 1994. *Mental Spaces: Aspects of Meaning Construction in Natural Language*. Cambridge: Cambridge University Press.

Fauconnier, G.; Turner, M. 2002. *The Way We Think*. New York: Basic Books.

GATURRO. *Currículo*. Disponible en: www.gaturro.com. Accedido el: 12 de julio de 2011.

Hofstadter, D.; Gabora, L. 1989. Frame blends. *Humor* 2:417-440.

Koestler, A. 1964. *The Act of Creation*. London: Hutchinson & Co.

NIK. 2005. *Gaturro 6*. Buenos Aires: Ediciones de la Flor.

NIK. 2011. *Gaturro 1: the number one*. Buenos Aires: Ediciones de la Flor.

Sin Autor. *Trucasos de mundo gaturro*. Disponible en: http://trucasosdemundogaturroo.blogspot.com/2011/05/historietas.html. Accedido el: 12 de julio de 2011.